DER KLEINE HASE
Schnuppernase

Meine ersten Vorlesegeschichten rund um Ostern

Texte von:
Christa Kempter, Barbara Peters,
Sibylle Schumann, Steffi Kress

Illustrationen von:
Marina Rachner,
Sigrid Leberer, Antje Flad

esslinger

Inhalt

Der Frühling ist da! Sibylle Schumann / Sigrid Leberer 6

Prinzessin Rosalie Steffi Kress / Marina Rachner 8

Malermeister Schnuppernase Sibylle Schumann / Marina Rachner 10

Ein Geschenk für Rosalie Steffi Kress / Marina Rachner............................ 12

Die Osterhasen-Maler Sibylle Schumann / Marina Rachner........................ 14

Aufregung bei den Hühnern Sibylle Schumann / Marina Rachner.................. 16

Eine fabelhafte Idee Sibylle Schumann / Marina Rachner 18

Wenn zwei Hühner sich streiten Sibylle Schumann / Marina Rachner 20

Das Turnfest Steffi Kress / Marina Rachner 22

Hase Hugo träumt ... Christa Kempter / Sigrid Leberer 24

Max will Osterhase werden Christa Kempter / Sigrid Leberer 26

Die Hühner und der Osterhase Christa Kempter / Sigrid Leberer 28

Ein Osterhasengedicht Christa Kempter / Sigrid Leberer 30

Ein Osternest Christa Kempter / Sigrid Leberer 32

Besuch beim Hasen Fritz Christa Kempter / Sigrid Leberer 34

Erst kommt der Osterhasenpapa ... Volkslied / Sigrid Leberer 36

Ein Ei für den Osterhasen Christa Kempter / Sigrid Leberer 38

Wie kam der Osterhase ins Haus? Christa Kempter / Sigrid Leberer 40

Seht, was sitzt denn dort im Gras! Volksgut / Sigrid Leberer 42

Laura und ihr Plüschhase Christa Kempter / Sigrid Leberer 44

Der Osterhasen-Maulwurf Sibylle Schumann / Sigrid Leberer 46

Das kleine Schaf Christa Kempter / Sigrid Leberer 48

Es sitzt ein grauer Herr im Klee Volksgut / Sigrid Leberer 50

Unterm Baum im grünen Gras Volksgut / Sigrid Leberer 52

Ein tolles Team Barbara Peters / Antje Flad 54

Wer rettet das Osterfest? Barbara Peters / Antje Flad 56

Seltsame Besucher Barbara Peters / Antje Flad 58

Osterhuhn Hanna Barbara Peters / Antje Flad 60

Der Osterhund Barbara Peters / Antje Flad 62

Osterfreunde Barbara Peters / Antje Flad 64

Der Osterfeuerdrache, 1. Teil Barbara Peters / Antje Flad 66

Der Osterfeuerdrache, 2. Teil Barbara Peters / Antje Flad 68

Das fremde Ei Barbara Peters / Antje Flad 70

Die Ostermohrrübe Barbara Peters / Antje Flad 72

Ein Kätzchen vom Osterhasen Barbara Peters / Antje Flad 74

Häschen in der Grube Volkslied / Marina Rachner 76

Der Frühling ist da!

„Habt ihr's schon gehört?", ruft Hase Hops.
„Und riecht ihr es auch? Der Frühling ist da!"
Die Hasenkinder machen Purzelbäume vor Freude.
Die Blumen blühen und es wachsen erste zarte
Löwenzahnblätter.
„Kommt aus eurem Hasenbau und schaut selbst",
ruft Hops begeistert.
Die Hasen beschließen, ein Frühlingsfest zu feiern.
Es gibt süße Holunderblüten-Limonade und
leckeren Löwenzahnsalat für alle.
Mittlerweile hat es sich bis in den kleinsten Winkel des
Waldes herumgesprochen: Endlich ist der Frühling da!

7

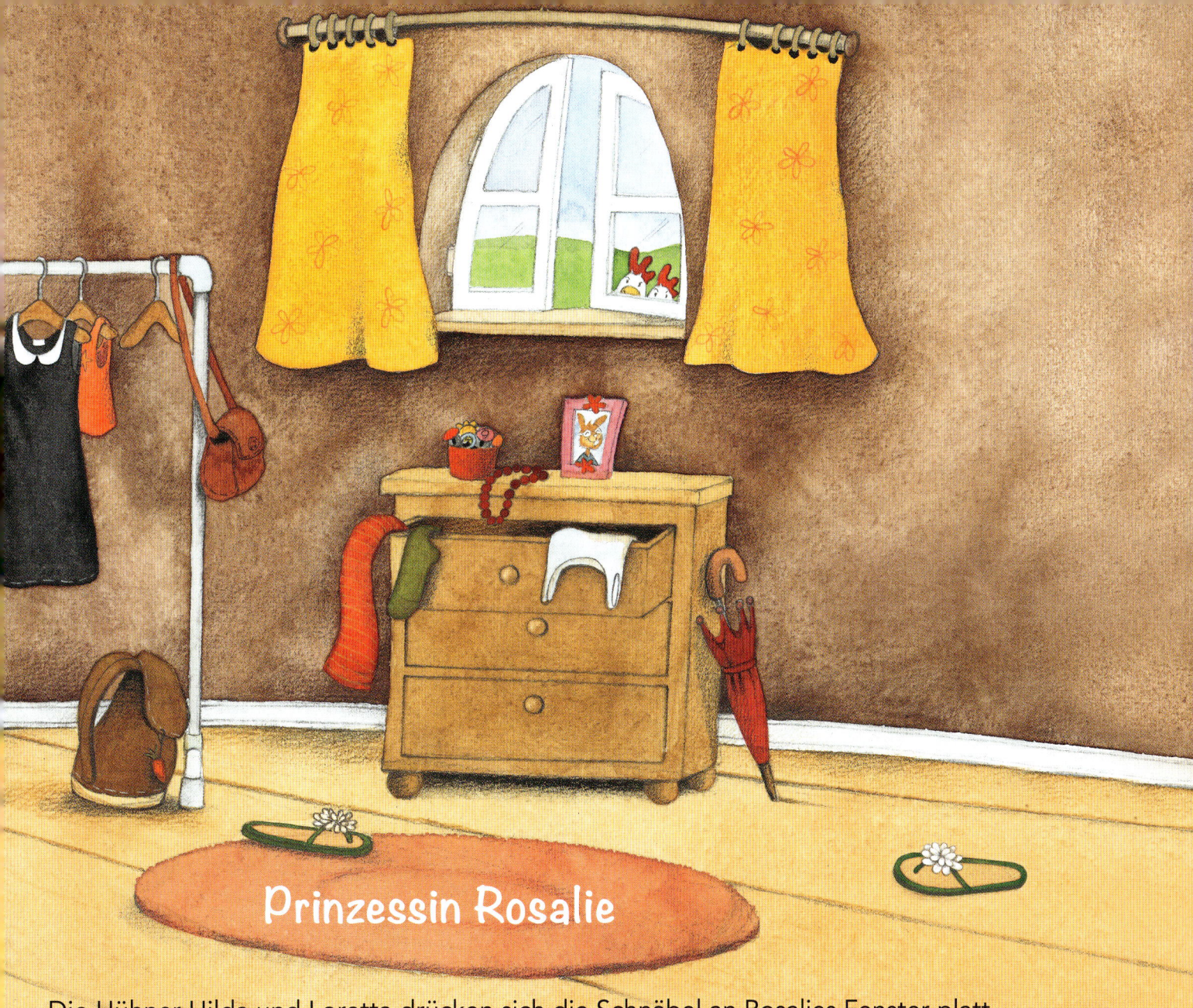

Prinzessin Rosalie

Die Hühner Hilda und Loretta drücken sich die Schnäbel an Rosalies Fenster platt.
Zu gerne wüssten sie, warum sich das Hasenmädchen so fein gemacht hat …
Rosalie spielt heute Prinzessin! Vor dem Spiegel probiert sie die schönsten Kleider, Schuhe,
Ketten und Hüte an. Am besten gefallen ihr das gelb karierte Kleid und der rosafarbene
Schal. Rosalie stellt sich vor, dass sie damit auf dem großen Hasenball tanzt. Auf leisen
Pfoten schwebt sie durch den Raum und fühlt sich wie eine waschechte Hasen-Prinzessin!

9

Malermeister Schnuppernase

Kennst du schon den Malermeister Schnuppernase? Er steht vor dir und zaubert die schönsten Eier weit und breit! Schnuppernase hat ein Bild von seiner Freundin Rosalie gemalt. Wenn die Farben trocken sind, kann er das Papier ausschneiden und auf ein Ei kleben.

„Beeil dich ein bisschen", lacht Rosalie. „Wir müssen rechtzeitig vor Ostern fertig werden."

Dann erst bemerkt Schnuppernase, dass er das Bild von Rosalie viel zu groß gemalt hat.

„Ganz einfach, die Hühner müssen größere Eier legen", überlegt Schnuppernase.

„Oder du malst noch ein Bild von mir", schlägt Rosalie vor.

„Ich lass meine Hasenohren schön nach unten hängen, dann passe ich auch auf ein Ei!"

11

Ein Geschenk für Rosalie

Schnuppernase möchte ein Bild für seine Freundin Rosalie malen – als Überraschung zu Ostern. Nur leider fällt dem kleinen Künstler nicht so recht ein, was er mit Pinsel und bunten Farben auf die Leinwand bringen soll. Einen Osterhasen? Ein Huhn? Oder doch lieber eine Blumenwiese? Es ist zum Löffelraufen! Schnuppernase überlegt hin und her.

Dann nimmt er den Pinsel in die Pfote und taucht ihn in das grüne Farbtöpfchen. Nun in das gelbe und in das rote … Bald ist die Leinwand ganz bunt und Schnuppernase wird ganz warm um sein Hasenherz.

„So ein schöner Regenbogen", denkt er sich, „darüber wird sich Rosalie bestimmt sehr freuen."

Und genauso ist es auch.

Die Osterhasen-Maler

Der kleine Hase Schnuppernase hat eine Idee: „Wieso bemalen wir unsere Ostereier eigentlich immer nur farbig? Lasst uns zur Abwechslung Hasen auf die Eier malen! Berühmte Künstler malen doch auch Bilder von sich selbst." Schnuppernase hat völlig recht. Schon machen sich alle Häschen an die Arbeit. Am Anfang ist es gar nicht so einfach und sie müssen eifrig üben ...

„Werden wir jetzt auch berühmt?", fragt Hoppel. „Schaut mal, wie gut ich getroffen bin – mit Osterhasen-Brille!"

Das hat die Hasenwelt tatsächlich noch nicht gesehen.

Und auch die Hühner staunen nicht schlecht.

Am Ostersonntag freuen sich die Kinder über viele bunte Eier – und ganz besonders über die Hasen-Kunstwerke.

Aufregung bei den Hühnern

„Hast du schon von den neuen Ostereiern gehört?", fragt Hilda.
„Klar", antwortet Loretta. „Die Hasen glauben allen Ernstes, sie werden jetzt berühmt. Dabei haben sie nur Hasen auf die Eier gemalt.
Da lachen ja die Hühner!"
Hilda nickt. „Sie hätten uns malen sollen. Wir sind schließlich für das Eierlegen zuständig."

„Oh ja, ein Bild von mir mit meiner Perlenkette", schwärmt Loretta und zupft ihr rosa Kleid zurecht. „Kannst du nicht einfach ein Bild von mir auf ein Ei malen?", fragt sie ihre Freundin Hilda.
„Wie jetzt, ich soll dich auf ein Ei malen? Ich kann nur Eier legen", seufzt Hilda.
„Hm, das ist aber schade", gackert Loretta. „Dann müssen wir wohl oder übel die Hasen fragen."
Und die beiden Hühner stolzieren mit großen Plänen davon.

Eine fabelhafte Idee

Hilda und Loretta wollen heute Schnuppernase fragen,
ob er ein Bild von ihnen malen kann.
„Ich möchte zuerst gemalt werden", gackert Loretta.
„Nein, ich!", ruft Hilda und flattert an Loretta vorbei.
Wie zwei aufgescheuchte Hühner kommen sie bei Schnuppernase
an. Doch da hängt nur ein Schild vor seiner Tür: „Bin nicht da.
Nächster Malkurs: Morgen um 10 Uhr".
Loretta plustert sich auf: „Das ist es, wir machen einen Malkurs!"
„Eine fabelhafte Idee", gackert Hilda. „Dann werden wir den
Hasen zeigen, dass wir viel schöner malen können als sie."
Und sie stolzieren hoch erhobenen Hauptes zurück zu ihrem
Hühnerstall.

19

Wenn zwei Hühner sich streiten

Die Hühner Hilda und Loretta haben heute einen Malkurs. So einfach ist das aber gar nicht mit dem Malen …
„Sag mal, Schnuppernase", fragt Loretta, „könntest du ein Bild von mir malen? Am besten von meiner Schokoladenseite."
Hilda rollt mit den Augen. „Du siehst doch von allen Seiten gleich aus."

„Stimmt gar nicht", ruft Loretta. „Jeder hat etwas im Gesicht, das besonders schön ist – wie die linke Seite meines Schnabels."
„Vielleicht solltest du einfach mal deinen Schnabel halten", gackert Hilda. „Damit Schnuppernase ein Bild von dir malen kann. Und von mir aus auch von deiner Tomatenseite!"
„Was hast du gesagt? Na warte!", keift Loretta. Im Nu ist eine Balgerei zwischen den beiden Hühnern im Gange und die Farben von Schnuppernase verteilen sich jetzt schön auf ihren Köpfen …
„Das hast du nun von deiner Schokoladenseite", seufzt Hilda.
„Habt ihr was von Schokolade gesagt?", lacht Rosalie, das Häsenmädchen. „Das ist eine gute Idee. Ich helfe euch beim Aufräumen und danach mache ich heiße Schokolade für uns alle!"
Und so kommt es, dass die beiden Hühner ihre Malstunde bei Schnuppernase wieder vertagen müssen.

Das Turnfest

Die Frühlingssonne lacht ganz besonders fröhlich vom Himmel. Denn heute feiern Schnuppernase und seine Freunde im Siebenmühlental ein großes Turnfest. Jeder spielt und tobt nach Hasenslust! Lotta und Emil üben am Barren. Jonathan schafft sogar eine Rolle rückwärts an den Ringen. Und Rosalie hopst mit einem großen Satz über den kleinen Bach. Schnuppernase möchte es ihr nachmachen. Er nimmt Anlauf und landet – platsch! – im seichten Wasser. Die Hühner Hilda und Loretta halten sich die Bäuche vor Lachen. Da muss auch Schnuppernase kichern. „Das Wasser ist herrlich!", ruft er. „Kommt doch alle rein!" Bald plantschen alle im kühlen Nass und genießen die herrliche Erfrischung. Sogar Günther Frosch und Mina Maus sind mit von der Partie. So viel Spaß hat das Turnfest im Siebenmühlental noch nie gemacht!

23

Hase Hugo träumt ...

Hase Hugo schläft im Gras.
Träumt, er wär der Osterhas.
An die Arbeit! Höchste Zeit!
Ostern ist ja nicht mehr weit.
Eier färben ist nicht schwer.
Doch erst müssen Eier her.
„Unsre Eier, die sind all'",
sagt ein Huhn im Hühnerstall.
„Die hat längst der Osterhase."
Hugo kneift sich in die Nase.
Ist jetzt wieder aufgewacht.
Und vorüber ist die Nacht.

Max will Osterhase werden

Max, der kleine Hase, hat einen großen Wunsch:
Er möchte Osterhase werden. „Das ist nicht so einfach, wie du denkst",
sagt Mama Hase. Max hoppelt zum Osterhasen. Der ist gerade beim
Eierbemalen. Max schaut ihm ein Weile zu.

„Was muss ein Osterhase denn alles machen?", fragt er neugierig.
„Eier besorgen, Farben und Pinsel kaufen, die Eier bemalen und sie
verstecken."
„Ist das viel Arbeit?", will Max wissen.
„Und ob!", sagt der Osterhase. „Ich arbeite Tag und Nacht."
Da staunt Max. Ab und zu könnte er ja dem Osterhasen ein wenig
helfen ... Ob er aber wirklich Osterhase werden will, muss er
sich noch genau überlegen. Vielleicht dann erst
im nächsten Jahr!

Die Hühner und der Osterhase

„Der Osterhase kommt und will Eier holen!", gackert Huhn Betty aufgeregt.

„Natürlich meine Eier!", ruft Huhn Emmi. „Sie sind am allerschönsten."

„Aber meine sind am allergrößten!", gackert Betty.

Huhn Lisbeth ist still. Ihre Eier sehen nun mal ganz normal aus ...

Doch welch eine Überraschung!

„Tut mir leid, meine Lieben", sagt der Osterhase.

„Aber diesmal ist Lisbeth an der Reihe."

„Ich?", fragt Lisbeth und legt vor Schreck ein Ei. Und was für eines!

Das schönste und größte Ei, das man je gesehen hat.

Ein Osterhasengedicht

Ich hab den Osterhasen entdeckt!
Hinter dem Baum war er versteckt.
Hat sich geduckt ins grüne Gras
und hat geschnuppert mit seiner Nas.
Aber ich hab seinen Korb gesehn,
und jetzt kannst du bestimmt verstehn,
dass es wirklich der Osterhas war,
den ich hinter dem Baume sah.

Ein Osternest

„Du, Mama, ich würde so gerne mal den Osterhasen sehen", sagt Paula.
„Ganz einfach", sagt Mama. „Wir sammeln Moos und machen ihm ein
schönes, weiches Nest. Dann setzt der Osterhase sich bestimmt hinein."
Paula ist ganz aufgeregt. In der Nacht kann sie kaum schlafen.
Am nächsten Morgen schaut sie sofort aus dem Fenster.
Da ist doch etwas aus dem Nest gesprungen!
Bestimmt war das der Osterhase.
Ob es wirklich der Osterhase war oder der kleine Hase Hoppel von
den Nachbarn nebenan – das kann keiner so genau sagen …

Besuch beim Hasen Fritz

Alle Eier sind bemalt. Jetzt kann der Osterhase sich endlich ausruhen.
Er besucht seinen Freund, den Hasen Fritz.
„Komm aber nicht so spät nach Hause!", sagt Frau Osterhase.
„Denk daran, morgen ist Ostersonntag!"
Bei Fritz ist es immer sehr gemütlich. Die beiden erzählen sich
Geschichten und knabbern jede Menge Mohrrüben.
Am nächsten Morgen kommt der Osterhase nicht aus dem Bett.
„Ich hab's doch gewusst!", sagt Frau Osterhase. Schnell ruft sie alle
ihre Hasenkinder herbei. Zusammen schaffen sie es gerade noch,
die Ostereier zu verstecken. Das Osterfest ist gerettet!

Erst kommt der Osterhasenpapa ...

Erst kommt der Osterhasenpapa,
dann kommt die Osterhasenmama
und hinterdrein, so klitzeklein
die Osterhasenkinderlein.
Sie haben bunte Röckchen an
und weiße Stummelschwänzchen dran
und machen ihren Ostergang,
da draußen auf dem Feld entlang.

Ein Ei für den Osterhasen

Geschafft! Endlich hat der Osterhase alle Eier versteckt.
Doch zu Hause entdeckt er tief unten im Korb noch ein
rotes Ei.

„Weißt du was?", sagt Frau Osterhase. „Das verstecke ich
jetzt für dich."

„Warum eigentlich nicht?", sagt der Osterhase. „Ich habe
noch nie Ostereier gesucht."

Frau Osterhase findet schnell ein gutes Versteck.

Er schaut hinters Sofa, unter den Tisch und in den Kleider-
schrank. Nichts. Erschöpft lässt er sich in den Sessel fallen.

„Knacks!", macht es da. Unter dem Kissen liegt das
zerdrückte rote Ei.

Da lacht der Osterhase, dass der ganze Bauch wackelt.
Das hätte er sich eigentlich denken können. Denn sein
Lieblingsversteck für die Ostereier sind auch die schönen
weichen Kissen. Darin würde er sich am liebsten immer
hineinkuscheln und schlafen ...

39

Wie kam der Osterhase ins Haus?

Ausgerechnet am Ostersonntag regnet es.
„Ich habe mich schon so aufs Eiersuchen gefreut!", jammert Lea.
„Jetzt können wir gar nicht raus in den Garten!"
„Der Osterhase ist doch schlau", sagt Nils, Leas großer Bruder. „Wenn es draußen zu nass ist, dann versteckt er die Eier bestimmt im Haus."
Lea glaubt ihm nicht. Doch plötzlich entdeckt sie ein gelbes Ei neben dem Blumentopf. Und da – ein rotes Ei unter dem Sofa! Und einen Schokoladenhasen hinter dem Vorhang!
„Aber wie ist der Osterhase denn ins Haus gekommen?", will Lea wissen.
„Osterhasengeheimnis!", sagt der große Bruder.

Seht, was sitzt denn dort im Gras!

Seht, was sitzt denn dort im Gras!
Ist das nicht der Osterhas?
Schaut mit seinem langen Ohr
aus dem grünen Nest hervor.
Hüpft mit seinen schnellen Bein'
über Stock und über Stein.

Seht auch her, was in dem Nest
liegt so rund und auch so fest:
Eier, blau und rot gefleckt,
hat er in dem Nest versteckt.
Immer muss er sie verstecken,
sucht drum schnell in allen Ecken!

43

Laura und ihr Plüschhase

Laura ist traurig. Sie hat ihren kleinen Plüschhasen verloren.
Papa, Mama, die Geschwister – alle haben gesucht: im Kinderzimmer,
unter den Betten, in den Schränken, sogar auf dem Speicher und
im Keller. Aber keiner hat den Hasen gefunden.
An Ostern kommt Onkel Martin zu Besuch.
Er bringt ein großes, grünes Ei mit einer rosa Schleife mit.
„Das ist für dich", sagt er zu Laura.
Laura ist ganz aufgeregt. Vorsichtig öffnet sie das Ei.
„Oh wie süß! Der sieht ja genauso aus wie mein Hoppi.
Nur die Ohren sind ein bisschen länger."
Laura drückt den kleinen Hasen fest an sich. Diesmal will sie
gut aufpassen, damit er nicht mehr verloren geht.

45

Der Osterhasen-Maulwurf

Morgen ist Ostersonntag und es regnet. Die Hasen machen traurige Gesichter. Wie sollen sie jetzt nur ihre Ostereier für die Kinder im Garten verstecken?

Da lugt Maulwurf Konrad hervor und hat eine Idee: „Bringt die Eier alle her, wir lagern sie in meinen Gängen unter der Erde. Dort ist genug Platz und es bleibt trocken. Sobald es aufhört zu regnen, mache ich mich an die Arbeit. In der Nacht sieht mich auch keiner!"

Und so kommt es, dass am nächsten Morgen die Sonne wieder scheint und die bunten Eier rechtzeitig in den Osternestern liegen. Konrad hat das Osterfest gerettet!

Das kleine Schaf

Der Osterhase macht sich auf den Weg. Es ist noch ganz früh am Morgen.
Doch die Schäfchen auf der Wiese sind schon wach. „Hallo Osterhase!",
ruft das kleine Schaf über den Zaun. „Versteckst du jetzt die Ostereier?"
„Ja, heute ist doch Ostersonntag", sagt der Osterhase.
„Ach, ich würde so gern mal die vielen Eier in deinem Korb sehen!", sagt
das Schäfchen.

Der Osterhase nimmt den Korb vom Rücken.
„Sind die schön!", seufzt das Schaf.

„Hier, ein Ei mit Blumen bemalt für dich",
sagt der Osterhase. Die anderen Tiere
bekommen natürlich auch ein Ei geschenkt.
„Fröhliche Ostern, euch allen!"

49

Es sitzt ein grauer Herr im Klee

Es sitzt ein grauer Herr im Klee,
tut niemand was zuleide,
trägt eine Blume, weiß wie Schnee,
hinten an seinem Kleide.
Zwei Löffel hat er auch dabei,
doch nicht für Suppe oder Brei.
Maust von den Rüben und vom Kohl.
Nun sagt, wie ist sein Name wohl?

Unterm Baum im grünen Gras

Unterm Baum im grünen Gras
sitzt ein kleiner Osterhas.
Putzt den Bart und spitzt das Ohr,
macht ein Männchen, guckt hervor.
Springt dann fort mit einem Satz,
und ein kleiner frecher Spatz
schaut jetzt nach, was denn dort sei.
Und was ist's? Ein Osterei!

Ein tolles Team

Die Osterhasen sitzen an langen Tischen und bemalen eifrig die Eier.
Bis Ostern ist noch viel zu tun. In großen Körben liegen die fertigen Kunstwerke: gelbe Eier mit roten Streifen, rote Eier mit kleinen weißen Blüten, lila Eier mit roten Punkten und viele mehr!
Die Hasen sind echte Künstler. Alle, bis auf Hoppel. Hoppels Eier sind langweilig. Sie sind gelb und rot, aber sie haben keine Muster. Hoppel hat sich nämlich die rechte Pfote verstaucht und nun muss er die Eier mit links bemalen.
„Es geht nicht!", seufzt Hoppel und kleckst und spritzt beim Malen. Seine linke Pfote ist zu ungeschickt.
„Sei nicht traurig, Hoppel", versucht ihn sein Freund Langohr aufzumuntern.
„Einfarbige Eier sind doch auch schön."
Aber das tröstet Hoppel nicht. Eine Träne kullert über seine Wange.
„Guck mal!", ruft Langohr plötzlich und zeigt auf eines von Hoppels Eiern.
Nanu – das rote Ei hat ein zartes gelbes Muster! Es sieht wunderschön aus.
Aber wer hat das Muster gemalt?

„Tut mir leid!", ruft ein feines Stimmchen. „Das war ich. Ich bin in den gelben Farbtopf gefallen. Das sind meine Fußstapfen!" Vor Hoppel auf dem Tisch sitzt ein Marienkäfer mit sechs gelben Füßen. Hoppel wischt sich die Tränen ab.

„Hast du Lust, mir zu helfen?"

„Na klar!", ruft der Marienkäfer fröhlich. „Zusammen sind wir ein tolles Team!"

Wer rettet das Osterfest?

Ein Wispern erfüllt den Garten. Schnecken, Regenwürmer, Käfer, Bienen und Schmetterlinge flüstern aufgeregt durcheinander. Alle warten auf das Osterglockenläuten. Es ist der Startschuss für die Osterhasen, mit dem Eierverstecken zu beginnen. Hugo Hummel ist der Oberosterglockenläuter. Er bringt die größte Osterglocke zum Klingen. Wenn seine Glocke ertönt, fallen die anderen Hummeln mit ein und läuten ihre Blütenglocken. Dann kann Ostern beginnen.

„Wo ist Hugo?", fragen die Schnecken.

„Nicht da", wispern die Käfer.

„Wo steckt er denn?", wollen die Bienen wissen.

„Keine Ahnung!", rufen die Regenwürmer.

Ohne Hugo gibt es kein Osterglockenläuten. Ohne das Läuten versteckt kein Osterhase ein Osterei. Und ohne Ostereier kann man doch gar nicht richtig Ostern feiern. Wie schrecklich! Die Kinder werden so traurig sein. Jemand muss die große Osterglocke läuten – aber wer? Die Schnecken sind zu langsam. Sie würden die Blüte niemals rechtzeitig erreichen. Die Bienen haben keine Zeit. Sie müssen Blütenstaub und Nektar sammeln. Die Regenwürmer sind nicht schwindelfrei. In der schaukelnden Blüte wird ihnen übel. Die kleinen Käfer sind zu schwach. Und die Schmetterlinge sind zu groß. In der Osterglocke würden sie sich die langen Fühler stoßen.

„Dann muss Ostern dieses Jahr wohl ausfallen", seufzen die Bienen. „So ein Quatsch!" Grashüpfer Gregor zögert nicht lange. Mit einem Satz landet er auf der Blüte. Er krabbelt hinein und beginnt, leise zu läuten. Als die übrigen Osterglocken erklingen, wacht Hugo Hummel endlich auf. Oh Schreck! Er hat verschlafen! Zum Glück ist Ostern nicht ausgefallen. Grashüpfer Gregor ist ein großartiger Osterglockenläuter.

Seltsame Besucher

„Guten Morgen!" Der kleine Spatz verbeugt sich höflich. Zwischen den Primeln steht ein Igel und schaut in die Luft. Er gibt keine Antwort. Wie unhöflich.

„Mooorgen!", ruft der Spatz.

„Warum schreist du so?", fragt die Schnecke.

„Ich wollte den da begrüßen, aber ich glaube, er ist taub!", sagt der Spatz und zeigt auf den Igel. Der Igel rührt sich nicht. Er starrt in die Luft.

Da kommt die Maus angerannt.

„Ach du liebes bisschen!", ruft sie, als sie den Igel sieht. „Hier ist ja noch so ein komischer Wicht."

„Was für ein Wicht?", fragt die Schnecke.

„Wieso noch einer?", will der Spatz wissen.

„Na, noch so ein seltsames, schweigsames Tier!", erklärt die Maus und zeigt zum Apfelbaum.

Dort sitzt das Kaninchen und wackelt mit den Ohren. Vor ihm steht ein kleiner Hase. Er trägt glänzend blaue Hosen und einen roten Pullover. Das Kaninchen redet und redet. Der kleine Hase rührt sich nicht. Er steht einfach nur da. „Ich habe ihn in meinen Bau eingeladen", ruft das Kaninchen. „Aber er gibt keine Antwort. Unmöglich!" Empört zeigt es dem fremden Hasen einen Vogel.

In diesem Moment kommt Nele auf die Terrasse und entdeckt das Kaninchen, das unter der großen Hecke wohnt. „Mama!", ruft sie und rennt in den Garten. „Das Kaninchen hat dem Schokohasen einen Vogel gezeigt!" „Na so was", lacht Mama. „Frohe Ostern, mein Schatz!"

Osterhuhn Hanna

„Nein! Auf keinen Fall!" Hanna stemmt die Flügel in die Seiten. „Wir legen keine Eier!
Wir streiken!"

Die anderen Hühner nicken. Der Osterhase rauft sich die Ohren. Auch das noch!
Dabei ist bald Ostern. Und es sind noch nicht genug Eier da. Was nun?

„Warum streikt ihr denn?", fragt er verzweifelt.

„Wir machen die ganze Arbeit!", gackert Hanna. „Eierlegen ist total anstrengend.
Und was haben wir davon? Nichts! Alle Kinder freuen sich auf den Osterhasen.
An uns arme Hühner denkt niemand."

Hanna hat recht. Obwohl die Hühner jedes Jahr hart arbeiten, spricht kein Mensch von
ihnen. Alle reden nur vom Osterhasen. Aber die Eier werden gebraucht. Unbedingt!
Da hat der Osterhase eine Idee. „Wenn ihr den Streik beendet, dürft ihr mithelfen,
die Eier zu verstecken. Einverstanden?"

Die Hühner sehen sich an. Eier verstecken ist bestimmt toll! Sie nicken begeistert.
„Dann sind wir echte Osterhühner", überlegt Hanna.
Sofort machen sich die Hühner an die Arbeit.
Schon bald reichen die Eier für alle Kinder.

Als Paul am Ostermorgen in den Garten läuft, um Ostereier zu suchen, bleibt er verdutzt stehen. Unter der Hecke hockt ein Huhn. Es schiebt gerade ein buntes Ei unter den Efeu. „Mama! Papa!", ruft Paul. „Der Osterhase ist gar kein Hase! Er ist ein Huhn! Ein Osterhuhn!"
Hanna reckt stolz den Schnabel. Osterhuhn Hanna, das ist sie.

61

Der Osterhund

Der Osterhase war da! Strolch bellt laut, als Lisa und Jonas in den
Garten rennen. Lisa schaut unter den Tulpen nach. Dort lag letztes Jahr
ein Marzipan-Ei. „Ich hab einen Schokohasen!", ruft sie.
Jetzt weiß Jonas, dass auch auf ihn ein Schokohase wartet. Der Osterhase
versteckt nämlich immer gleich viele Überraschungen für die beiden.
Die Kinder kriechen unter die Hecke. Sie schauen hinter die Regentonne.
Sie gucken in die leeren Blumentöpfe und unter die Gartenbank.
Schließlich entdeckt Jonas seinen Schokohasen neben dem Geräteschuppen.
Als Mama und Papa in den Garten kommen, liegen auf der Terrasse zwei
Schokohasen, zwei Marzipankäfer, zwei Nougat-Eier und zwei Bilderbücher.
Eine Fußballgeschichte für Jonas und eine Katzengeschichte für Lisa.
Außerdem steht da noch ein Körbchen mit Schokoladeneiern.
Lisa und Jonas suchen und suchen. Mama und Papa schauen sich an.
Wo ist das zweite Körbchen?
„Der Osterhase hat es vergessen", sagt Lisa schließlich traurig.
Strolch wedelt mit dem Schwanz.
Jetzt suchen auch Mama und Papa. Sie finden kein zweites Körbchen.
Bevor Lisa anfängt zu weinen, teilt Jonas seine Schokoladeneier mit ihr.
„Das ist ja noch nie passiert!", sagt Mama.

„Was macht Strolch denn da?", fragt Lisa plötzlich.
Der Hund wühlt unter dem Rosenstrauch und zieht etwas Schmutziges aus der Erde.
„Du Schlawiner! Du hast das Körbchen verbuddelt", ruft Jonas.
Lisa lacht: „Aber er hat es wiedergefunden.
Strolch ist eben ein echter Osterhund!"

Osterfreunde

Am letzten Tag vor den Osterferien bemalen die Kinder im Kindergarten Eier.
Das ist gar nicht so einfach. Die dünnen Eierschalen gehen leicht kaputt. Man muss sehr vorsichtig sein.
„Dein Ei ist doof!", sagt Timo plötzlich. „Die Punkte sind ganz verschmiert. Total blöd!"
„Gar nicht wahr!", ruft Max. „Sie sind nur ein bisschen verrutscht."
„Sieht aber echt blöd aus", beharrt Timo und hält sein Ei hoch. „Meins ist viel schöner!"
Timos Ei ist wirklich toll. Es hat Streifen in allen Regenbogenfarben. Aber das ist kein Grund, so gemein zu Max zu sein. Traurig steht Max auf. Sein Ei muss jetzt trocknen.
Er geht in die Spielecke und baut mit Anna einen Turm aus Bauklötzen.
Auf einmal steht Timo vor ihnen. „Kann ich mitspielen?"

Das kommt überhaupt nicht in Frage. Timo war total gemein. Max wird nie wieder mit Timo spielen. Im Leben nicht mehr! „Nö, mit dir spiele ich nicht! Spiel doch mit deinem tollen Ei!", sagt Max.

Timo beißt sich auf die Lippe. Er möchte so gerne mitspielen. Max ist doch sein bester Freund. Schnell läuft er in die Bastelecke und holt sein Regenbogen-Ei. „Das schenke ich dir", sagt er leise und hält Max das Ei hin. „Wollen wir uns wieder vertragen?"

Max schaut Timo erstaunt an. Sein allerschönstes Ei will Timo ihm schenken! Das ist richtig nett. Max lächelt.

„Na klar!", sagt er. „Wir sind doch beste Freunde!"

Timo lacht: „Genau. Osterfreunde!"

Der Osterfeuerdrache, 1. Teil

Im Burghof ist ein riesiger Holzstoß aufgebaut. Drumherum sitzen die Burg-fräulein auf Bänken. Auch die großen Ritter warten gespannt. Die Kinder hocken auf der Erde. Gleich wird das Osterfeuer brennen. Die Flammen vertreiben die Wintergeister. Und sie begrüßen den Frühling.

Der kleine Ritter Leo ist schrecklich aufgeregt. Heute ist sein großer Tag. Das ganze Jahr über hat er fleißig alles geübt, was ein Ritter können muss. Jetzt kann Leo prima Bogenschießen und Lanzen werfen. Er ist ein guter Reiter und im Holzschwertkampf ist er sogar der Beste. Deshalb darf Leo in dieser Osternacht das Osterfeuer anzünden. Im Winter hat er gelernt, mit seinen Feuersteinen Funken zu schlagen. Niemand kann so gut Feuer machen wie er. Leo tritt an den Holzstoß.

Im Burghof wird es still.

Alle warten auf die ersten Funken.

Der kleine Ritter greift in die Hosentasche. Doch was ist das? Seine Tasche ist leer! Die Feuersteine sind verschwunden. Leos Hosentasche hat ein Loch!

„Oh nein!", sagt Leo verzweifelt. Es war nicht einfach, gute Feuersteine zu finden. Leo hat lange danach gesucht und jetzt sind sie weg! Die Burgfräulein, die Ritter und die Kinder warten. Gleich muss der Holzstoß brennen. Aber wie soll der kleine Ritter ohne Feuersteine Feuer machen?

Der Osterfeuerdrache, 2. Teil

Der kleine Ritter schaut sich um. Sind die Feuersteine vielleicht in das Gebüsch gekullert? Leo bückt sich, um nachzusehen. Oh Schreck, unter dem Busch sitzt ein kleiner Drache! Und Drachen sind gefährlich. Das sagen alle großen Ritter. Leo fürchtet sich. Aber dieser Drache sieht nicht gefährlich aus. Er sieht aus, als fürchte er sich auch.

„Bist du ein Ritter?", fragt der kleine Drache ängstlich. Leo nickt.
„Dann bist du gefährlich!" Der Drache zittert. „Ritter sind gefährlich. Das sagen die großen Drachen." – „Ritter sind doch nicht gefährlich", widerspricht Leo. „Drachen sind gefährlich!"

Der kleine Drache muss lachen. Er ist wirklich nicht gefährlich. Er ist richtig lieb. „Was suchst du eigentlich?", fragt er neugierig.

„Meine Feuersteine sind weg!", flüstert Leo. „Und ohne die kann ich kein Feuer machen." – „Feuer?", wispert der kleine Drache. „Ich kann Feuer spucken. Soll ich dir helfen?" – „Würdest du das tun? Obwohl ich ein gefährlicher Ritter bin?", fragt Leo.

„Na klar!", sagt der Drache. „Du bist ja genauso gefährlich wie ich. Wir können doch Freunde sein."– „Oh ja, gefährliche Freunde!" Leo grinst.

„Na dann!" Der kleine Drache bläht seine Nasenlöcher. Eine Flamme schießt in den Holzstoß. Funken sprühen und die ersten Äste fangen Feuer. Bald lodern die Flammen hoch in den Nachthimmel. Nun kann es Ostern werden!

Das fremde Ei

„Was ist denn das?" Die Maus macht große Augen. Im Gras liegt ein fremdes Ding. Rosa, rot und golden schimmert es in der Morgensonne. Beinahe rund ist es. Seltsam! So etwas hat die kleine Maus noch nie gesehen. Zum Glück kommt gerade die Amsel angeflogen. Die ist sehr klug, vielleicht weiß sie Bescheid.

„Guten Morgen, Amsel! Weißt du, was das hier ist?", ruft die Maus und zeigt auf das bunte Ding. Die Amsel schüttelt ihr Gefieder. – „Natürlich, das weiß doch jeder! Das ist ein Ei und Eier muss man ausbrüten." – „Ausbrüten?", fragt die Maus.

„Na klar! Bis das Küken schlüpft. Ich zeig dir, wie das geht!" Vorsichtig klettert die Amsel auf das fremde Ei. Es verschwindet unter ihren schwarzen, glänzenden Federn. Gespannt wartet die Maus auf das Küken. „Schlüpft es bald?", fragt sie nach einer Weile.

„Noch nicht", antwortet die Amsel. „Aber es tut sich schon was!"

„Was denn?", fragt die kleine Maus.

„Es – es wird irgendwie weich", murmelt die Amsel und steht auf. Was ist das? Das fremde bunte Ei ist platt und am Amselbauch kleben lauter Glanzpapierfetzen. Glanzpapierfetzen in geschmolzener Schokolade. Die Maus kichert.

Die Amsel aber flattert eilig zur Vogeltränke. Sie muss ihren Schokoladenbauch baden!

Die Ostermohrrübe

„Was soll das denn?", wundert sich Flip. Das Pony steht auf seiner Weide und beobachtet den Osterhasen. Der rennt durch den Garten und versteckt bunte Eier und kleine Geschenke.

„Erst versteckt er alles", schnaubt Flip. „Und dann kommen die Kinder und sammeln es wieder ein. Warum legt er das Zeug nicht auf den Gartentisch? Das wäre einfacher!"

Jetzt ist der Osterhase fertig und hoppelt zum Wald. Als er an der Weide vorbeikommt, winkt er und ruft: „Frohe Ostern, Flip! Übrigens – im Stall ist eine Überraschung für dich versteckt!"

„Eine – was?", fragt Flip. „Äh – ja – frohe Ostern!"

Verdutzt schaut das Pony dem Hasen nach. Eine Überraschung? Versteckt? Flip will am liebsten sofort zurück in den Stall.

Als Nina ihn endlich von der Weide holt, ist Flip sehr aufgeregt. Was hat der Osterhase für ihn versteckt? Einen Apfel? Eine saftige Mohrrübe? Hoffentlich kein Schokoladen-Ei! So etwas mag Flip gar nicht.

Kaum hat Nina das Pony in seine Box gebracht, beginnt Flip auch schon zu suchen. Er schaut hinter den Futtertrog. Er wühlt mit den Hufen im Stroh.

Er untersucht jede Ecke in seiner Box. Nichts. Wo kann die Überraschung nur sein? Da! Vom Fensterbrett kommt ein leckerer Duft. Flip bläht die Nüstern. Mohrrübenduft! Mmmh! Das Pony reckt den Hals und tatsächlich: Dort oben liegt eine frische, knackige Mohrrübe. Eine Mohrrübe vom Osterhasen. Und Flip hat sie gefunden. Ganz alleine. Toll! Suchen macht richtig Spaß. Und Finden auch!

Ein Kätzchen vom Osterhasen

„Leon!", ruft Merle. „Schau mal, was ich gefunden habe!" – Leon läuft zu seiner Schwester. Unter dem Apfelbaum liegt – ein kleines, struppiges Kätzchen.

„Der Osterhase hat uns ein Kätzchen gebracht", flüstert Leon.

Die kleine Katze sieht ein bisschen krank aus. Aber sie ist so niedlich! Merle krault das Kätzchen vorsichtig hinter den Ohren.

„Der Osterhase weiß bestimmt nicht, dass Mama uns kein Haustier erlaubt", sagt Leon leise.

Merle seufzt. Mama möchte keine Tiere haben, das stimmt. Aber das Kätzchen hat der Osterhase gebracht. Ob Mama da auch nein sagt? Behutsam nimmt Merle die

kleine Katze auf den Arm. Weich ist sie und warm. Leon hält die Terrassentür auf. Sie müssen Mama und Papa das süße Kätzchen zeigen.

„Wie niedlich!", findet Papa und krault das Kätzchen am Bauch. Die kleine Katze rekelt sich. Eine winzige rosa Zunge flitzt aus ihrem Mäulchen. Mama macht große Augen. „Eine Katze", seufzt sie. „Wo habt ihr die denn her?"

„Die hat der Osterhase gebracht!", erklärt Leon.

„Er hat sie unter dem Apfelbaum versteckt", ergänzt Merle.

„Dürfen wir sie behalten?" – „Bitte, Mama!", bettelt Leon. Mama seufzt noch einmal. Dann krault sie dem Kätzchen vorsichtig das Kinn. Die kleine Katze schnurrt zufrieden und Mama – lächelt: „Wenn der Osterhase sie gebracht hat, kann ich wohl nicht nein sagen!"

75

Häschen in der Grube

1. Häs-chen in der Gru-be saß und schlief, saß und schlief. Ar-mes Häs-chen, bist du krank, dass du nicht mehr hüp-fen kannst? Häs-chen, hüpf! Häs-chen, hüpf! Häs-chen, hüpf!

1. Häschen in der Grube saß und schlief, saß und schlief.
Armes Häschen, bist du krank,
dass du nicht mehr hüpfen kannst?
Häschen, hüpf! Häschen, hüpf! Häschen, hüpf!

2. Häschen auf dem Sofa lag und schlief, lag und schlief.
   Doch, mein Häschen, denk daran,
   im Topf brennt dir die Suppe an.
   Häschen, hüpf! Häschen, hüpf! Häschen, hüpf!